Lecturas iniciales

GRADO 1 • LIBRO 1

Copyright © by Houghton Mifflin Harcourt Publishing Company

All rights reserved. No part of this work may be reproduced or transmitted in any form or by any means, electronic or mechanical, including photocopying or recording, or by any information storage or retrieval system, without the prior written permission of the copyright owner unless such copying is expressly permitted by federal copyright law. Requests for permission to make copies of any part of the work should be submitted through our Permissions website at https://customercare.hmhco.com/contactus/Permissions.html or mailed to Houghton Mifflin Harcourt Publishing Company, Attn: Intellectual Property Licensing, 9400 Southpark Center Loop, Orlando, Florida 32819-8647.

Printed in the U.S.A.

ISBN 978-1-328-46312-8

7 8 9 10   0877   26 25 24 23

4500864289   B C D E F G

If you have received these materials as examination copies free of charge, Houghton Mifflin Harcourt Publishing Company retains title to the materials and they may not be resold. Resale of examination copies is strictly prohibited.

Possession of this publication in print format does not entitle users to convert this publication, or any portion of it, into electronic format.

Contenido

Semana 1

¿Eeee? 4

¿Uuuu? 14

Semana 2

¡Epa! 24

¡Upa! 34

Semana 3

Familia 44

Mimos, más mimos 54

MÓDULO 2

Semana 1

La paloma Nina 64

El sapo Pipe 74

Semana 2

Tito y Tato 84

Dos ositos 94

Semana 3

Las fotos del abuelo 104

Las fotos de Beto 114

LISTA DE PALABRAS 124

LEAMOS JUNTOS

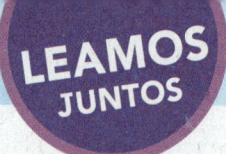

¡Empecemos!

A Emilia le gusta mucho viajar. ¡Ella quiere conocer todo este mundo y más allá! ¿Con qué soñará? ¡Lee para descubrirlo!

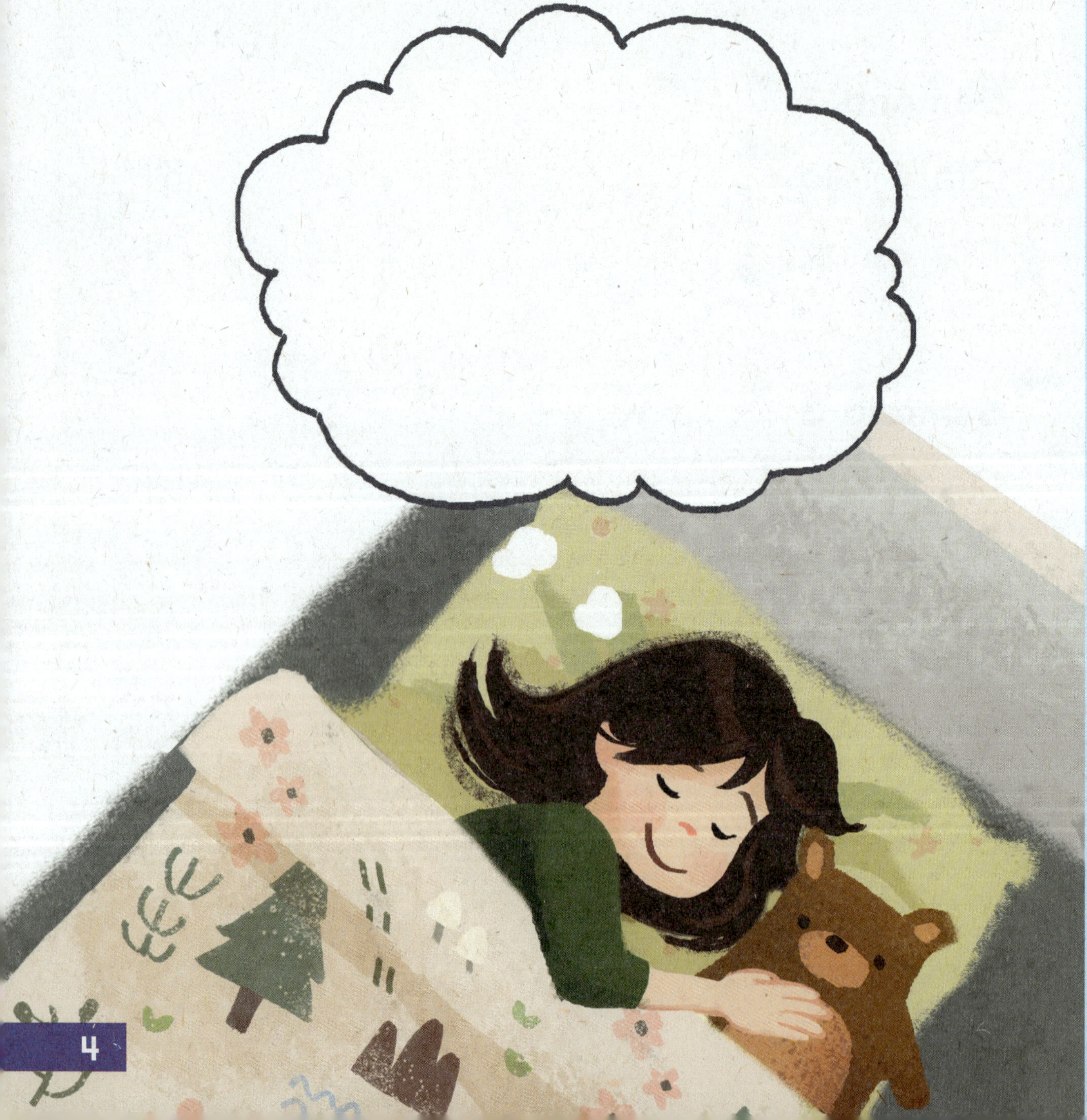

¿Eeee?

por Violeta Arcay
ilustraciones de Bonnie Lui

Con un .

Con un 🐘.

Con una .

Con unas 🌊.

Con unos ✎.

Con unas .

Búsqueda de palabras con a, e, i, o y u

Busca en las ilustraciones cosas que empiecen con **a**, **e**, **i**, **o** y **u**. Di una oración con cada una.

Pistas de palabras del cuento

Mira cada conjunto de pistas. Halla la palabra correcta en el cuento.

1. Está en el medio del océano. Solo puedes llegar en barco o en avión. ¿Qué palabra es?

2. Se usan para practicar un deporte. Solo los usas en lugares donde hace mucho frío. ¿Qué palabra es?

¿Qué palabra es?

Usa las pistas para adivinar las palabras del cuento.

Pista 1: Es un animal.
Pista 2: Rima con **gigante**.
¿Qué palabra es?

Pista 1: Está en el cielo por la noche.
Pista 2: Rima con **huella**.
¿Qué palabra es?

¡Ahora tú! Da dos pistas sobre una palabra del cuento. ¿Puede tu compañero adivinar la palabra?

LEAMOS JUNTOS

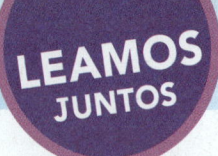

¡Empecemos!

Omar sueña con ser chef algún día. ¡Le apasiona la cocina! ¿Con qué soñará? Lee para descubrirlo.

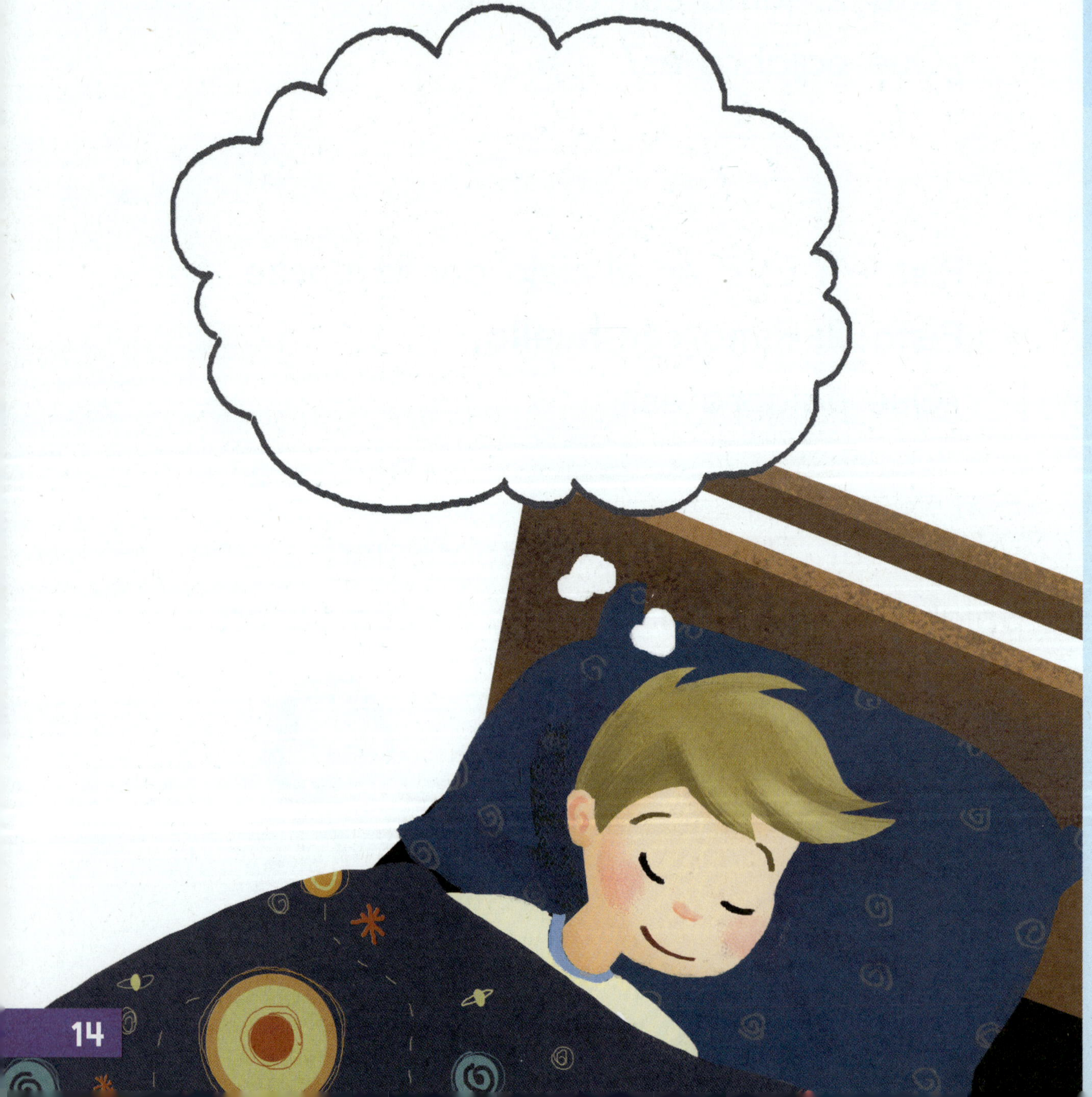

¿Uuuu?

por Violeta Arcay
ilustraciones de Bonnie Lui

Con un 🧄.

Con una ⬚.

Con una 🍲.

Con unas .

Con unos 🍝 con 🫐.

Con una 🧽.

Respuesta personal

Piensa en los cuentos de esta semana. Luego, dibuja tus respuestas a estas preguntas en una hoja de papel aparte.

1. ¿Quién es tu personaje favorito?

2. ¿Qué sueño te gustó más? Dibuja el sueño que más te haya gustado.

Habla de los cuentos con un compañero o en grupo.

LEAMOS JUNTOS

Pistas de palabras del cuento

Mira cada conjunto de pistas. Halla la palabra correcta en el cuento.

1. Son una pasta. Nos gusta comerlos con salsa. ¿Qué palabra es?

2. Es una comida saludable. Puede llevar muchos ingredientes. ¿Qué palabra es?

Pensar-emparejarse-compartir

Vuelve a leer los dos cuentos. Piensa y luego habla con tu compañero.

1. ¿De qué manera están conectados los cuentos? Usa detalles de cada cuento en tu respuesta.

2. ¿En qué se parecen los cuentos? ¿Por qué?

Comparte tus ideas en grupo.

¡Empecemos!

Los niños llegaron al museo de arte. Pepe dice: "¡Epa! ¡Cuántas cosas!". ¿Qué ve Pepe en el museo? ¡Lee para descubrirlo!

¡Epa!

por Rosalía Cladera
ilustraciones de John Joseph

El mapa.

Dos ▲.

La .

La 🕊.

El .

El .

Búsqueda de palabras con m y p

Busca en las ilustraciones cosas que empiecen con **m** y **p**. Completa la tabla con tus propios dibujos.

ma, me, mi, mo, mu	pa, pe, pi, po, pu

Compara tu lista con la de un compañero. ¿Encontraron las mismas cosas?

Pistas de palabras del cuento

Mira cada conjunto de pistas. Halla la palabra correcta en el cuento.

1. Sirve para saber qué camino tomar. Suele mostrar calles o carreteras. ¿Qué palabra es?

2. Normalmente trabaja en los circos. Hace reír a la gente. ¿Qué palabra es?

¿Qué palabra es?

Usa las pistas para adivinar las palabras del cuento.

Pista 1: Se puede comer de merienda.
Pista 2: Rima con **banana**.
¿Qué palabra es?

Pista 1: Es un animal que vuela.
Pista 2: Rima con **goma**.
¿Qué palabra es?

¡Ahora tú! Da dos pistas sobre una palabra del cuento. ¿Puede tu compañero adivinar la palabra?

¡Empecemos!

La excursión ha terminado en un parque. ¡Todos a jugar! ¿Qué puede encontrar Pepe en el parque? Lee para descubrirlo.

¡Upa!

por Rosalía Cladera
ilustraciones de John Joseph

El .

Dos 🦆.

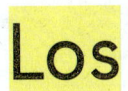 Los  .

El .

La .

¡Upa! ¡Una 🪙!
¡Adiós!

Ambiente

El ambiente es el lugar y el momento de un cuento. Piensa en los cuentos de la semana. Luego, contesta las preguntas.

1. ¿Las dos historias tienen el mismo ambiente? ¿Cómo cambia?

2. ¿Qué otros acontecimientos pueden ocurrir en un ambiente como una excursión de la escuela?

Habla de tus respuestas con un compañero o en grupo.

Combinar y leer

1. me   papá   mapa   mimo
2. epa   upa   mi   pupa
3. Pipo   ama   puma   Mimo
4. mamá   mimé   amé   amó
5. La paloma se anima con la luna.
6. Un mono come maní.

Pensar-dibujar-emparejarse-compartir

Vuelve a leer los dos cuentos. Luego, haz un dibujo para responder a las preguntas.

1. ¿Qué cosas divertidas hace Pepe?

2. ¿Qué te gustaría hacer con Pepe? ¿Por qué?

Comparte tu trabajo con un compañero y luego en grupo.

¡Empecemos!

Melisa va de vacaciones con su familia. ¡Ya se está preparando! ¿Qué necesitará? ¡Lee para descubrirlo!

Familia

por Camelia Botea
ilustraciones de Cinta Villalobos

Leer un mapa.

Un 🎩.

Unas 🩴.

A su mamá.

A su papá.

¡A su familia!

Búsqueda de palabras con s y l

Busca en las ilustraciones cosas que empiecen con s y l. Di una oración con cada una.

Pistas de palabras del cuento

Mira cada conjunto de pistas. Halla la palabra correcta en el cuento.

1. Se usan en los pies en los días de calor. Pueden tener muchas formas y colores. ¿Qué palabra es?

2. Está formada por los padres, hermanos, abuelos, tíos y primos. Estas personas se quieren y ayudan. ¿Qué palabra es?

¿Qué palabra es?

Usa las pistas para adivinar las palabras del cuento.

Pista 1: Se usa para protegerse la cabeza del sol.
Pista 2: Rima con **quiero**.
¿Qué palabra es?

Pista 1: Sirve para saber qué camino tomar.
Pista 2: Rima con **guapa**.
¿Qué palabra es?

¡Ahora tú! Da dos pistas sobre una palabra del cuento. ¿Puede tu compañero adivinar la palabra?

¡Empecemos!

Melisa y su familia ya están de vacaciones. ¿Qué verán? ¿Qué harán? Lee para descubrirlo.

Mimos, más mimos

por Camelia Botea
ilustraciones de Cinta Villalobos

El sol.

Unas 🧜 con agua.

Comer sopa.

Comer papas.

Leer en familia.

¡Mimos!

Ambiente

El ambiente es el lugar y el momento de un cuento. Piensa en los cuentos de la semana. Luego, contesta las preguntas.

1. ¿Qué se mantiene igual en el ambiente de las dos historias? ¿Cómo cambia el ambiente?

2. ¿Qué harías **tú** en un ambiente de vacaciones?

Habla de tus respuestas en grupo.

Combinar y leer

1. sal   sopa   palos   mula

2. eso   mesa   solo   sapo

3. ame   pomo   pupa   mima

4. Saúl   pisamos   olemos   papeles

5. La osa pisa la miel.

6. Es una pupa en la piel.

Pensar-dibujar-emparejarse-compartir

Vuelve a leer los dos cuentos. Luego haz un dibujo para responder a las preguntas.

1. ¿Qué cosas divertidas hace Melisa?

2. ¿Qué te gustaría hacer con Melisa? ¿Por qué?

Comparte tu trabajo con un compañero.

¡Empecemos!

Nina es una paloma que vive con su familia en un bosque de pinos. ¿Qué verá por la noche? ¡Lee para descubrirlo!

La paloma Nina

por Javier Carrillo
ilustraciones de Caroline Attia

La paloma se llama Nina.

Su papá mima a Nina.
Es su familia.

Nina usa sus alas de día.

Nina se posa en un pino.

Por la noche sale la luna.

¡Nina se anima!

¿Qué palabra es?

Usa las pistas para adivinar las palabras del cuento.

Pista 1: Es el tipo de animal que es Nina.
Pista 2: Rima con **toma**.
¿Qué palabra es?

Pista 1: Cuando sale la luna.
Pista 2: Rima con **leche**.
¿Qué palabra es?

¡Ahora tú! Da dos pistas sobre una palabra del cuento. ¿Puede tu compañero adivinar la palabra?

Combinar y leer

1. luna   enano   lana   maní
2. mono   espina   nene   semana
3. mapa   miel   pelo   mesa
4. suenan   piensen   amasan   manso
5. La paloma se anima con la luna.
6. Un mono come maní.

Adivina la palabra

Usa un cronómetro. Juega con un compañero.

pepino	sano	melena	
nota	lana	poni	molino

1. Elige una palabra secreta del recuadro. No se la digas a tu compañero.

2. Prepara el cronómetro.

3. Dale una pista de una sola palabra.

4. Tu compañero trata de adivinar la palabra secreta.

5. Repitan hasta que tu compañero adivine la palabra secreta o se acabe el tiempo.

6. Túrnense con tu compañero.

7. El primer jugador en adivinar correctamente 5 palabras gana el juego.

Ensalada de letras

Lee las siguientes palabras a un compañero.

de	noche	día
llamar	por	agua

¡Uy, las letras se han mezclado! Con tu compañero, pon las letras en orden para formar una palabra del recuadro.

1. a d í
2. m a l l r a
3. r o p
4. c e h n o
5. e d
6. g a a u

El sapo Pipe

por Javier Carrillo
ilustraciones de Caroline Attia

La luna ilumina a Nina.

Un animal se asoma. Es un sapo.

Es un sapo enano.

El sapo se llama Pipe.

Por la noche Nina y Pipe aman la luna.

Por el día Nina y Pipe aman el sol.

Personajes

Mira las ilustraciones. Elige un personaje.

Piensa en los personajes.

Dile a un compañero tres cosas que aprendiste acerca del personaje al leer los cuentos.

Combinar y leer

1. melón   sin   panda   imán
2. asan   piensa   salón   limón
3. lupas   puso   sopa   malo
4. pluma   pulpo   pena   mensual
5. La paloma y el sapo piensan en la luna.
6. El sapo Pipe llama a la paloma Nina.

Pensar-dibujar-emparejarse-compartir

Vuelve a leer los dos cuentos. Luego, haz un dibujo para responder a las preguntas.

1. ¿Qué puede hacer Nina que no puede hacer Pipe?

2. ¿Qué hacen Nina y Pipe juntos?

Comparte tu trabajo con un compañero y luego en grupo.

LEAMOS JUNTOS

¡Empecemos!

Tito y Tato se divierten haciendo muchas cosas distintas. ¿Qué cosas harán? ¡Lee para descubrirlo!

Tito y Tato

por Ricardo Arteaga
ilustraciones de Brave Union

Si está soleado, Tito y Tato nadan en una pileta.

Después Tato patea una pelota y Tito la detiene.

Al mediodía, Tito le pide a Tato que lea con él.

Después sueltan dados en la mesa o en el piso.

Por la noche leen de duendes metidos en túneles.

El papá de Tito y Tato piensa: "¡Mis ositos leen mucho y de todo!".

LEAMOS JUNTOS

Léelo, cámbialo

Lee cada palabra del cuento. Luego sigue las instrucciones para escribir una palabra nueva. Lee cada palabra nueva.

1. **todo** Cambia **to** por **lo**.

2. **dado** Cambia **da** por **la**.

3. **Tato** Cambia **Ta** por **pa**.

4. **Tito** Cambia **Ti** por **pi**.

Comprueba tu trabajo con un compañero. Usa las palabras nuevas en oraciones.

Combinar y leer

1. dilo   toma   medio   salto
2. dame   sentado   duele   tomate
3. pan   molino   melón   semana
4. salado   salida   adelante metales
5. Tato y Tito leen por las noches.
6. Los ositos comen pan con miel.

Adivina la palabra

Usa un cronómetro. Juega con un compañero.

dodo	mucho	vida	violeta
duende	túnel	detiene	todo
pelota	nadan		

1. Elige una palabra secreta del recuadro. No se la digas a tu compañero.
2. Prepara el cronómetro.
3. Dale una pista de una sola palabra.
4. Tu compañero trata de adivinar la palabra secreta.
5. Repitan hasta que tu compañero adivine la palabra secreta o se acabe el tiempo.
6. Túrnense con tu compañero.
7. El primer jugador en adivinar correctamente 5 palabras gana el juego.

Ensalada de letras

Lee las siguientes palabras a un compañero.

tarde	todo	después
mucho	que	noche

¡Uy, las letras se han mezclado! Con tu compañero, pon las letras en orden para formar una palabra del recuadro.

1. r d t a e
2. s p u d e s é
3. c m h u o
4. o d t o
5. e u q
6. h e n o c

Los dos ositos peludos están sentados a la mesa.

Todos los días comen donas o pan con miel y toman té.

Al mediodía, Tito y Tato toman sopa. Si tienen sed, toman agua.

Después comen la mitad de un pastel de limón y toman limonada.

Por la noche comen pasta con atún o un asado con papas.

La mamá de Tito y Tato piensa: "Para esta edad, ¡mucho comen mis dos ositos!".

Vuelve a contar un cuento

Piensa en los cuentos de la semana. Elige un cuento para volver a contárselo a un compañero.

Cuenta lo que ocurre primero, después y al final. Usa un mapa del cuento para planificar cómo volver a contarlo.

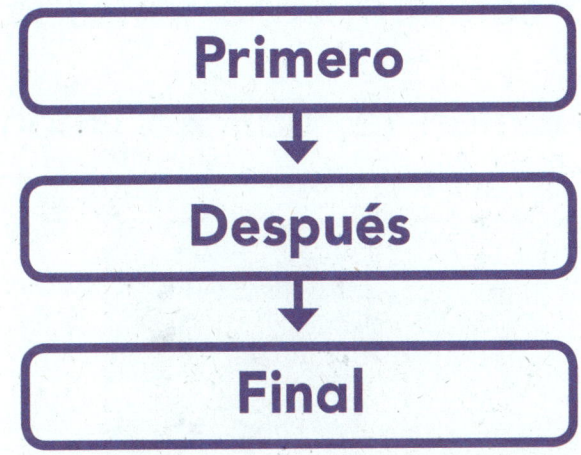

Combinar y leer

1. amistad   usted   salud   soledad
2. sed   edad   mitad   multitud
3. nudo   molesto   pasado   asustado
4. total   sudando   talón   adulto
5. Tato y Tito comen mucho todos los días.
6. Los ositos toman té, agua o limonada.

Conversación en parejas

Vuelve a leer los dos cuentos. Luego, habla con un compañero para contestar estas preguntas.

1. ¿Qué hacen los ositos para divertirse? Haz una lista.

2. ¿Cuál de esas cosas te parece la más divertida? ¿Por qué piensas eso?

3. ¿Qué comen los ositos? Haz una lista.

4. ¿Cuál de esas cosas te gusta más? ¿Cuál te gusta menos? ¿Por qué?

¡Empecemos!

El abuelo de Beto le enseña muchas fotos que tomó en una excursión por África. ¿Qué animales verá Beto en las fotos? ¡Lee para descubrirlo!

Las fotos del abuelo

por Jorge Escudero
ilustraciones de Antonia Roselló

En las fotos del abuelo,
Beto ve muchos animales.

Una foto tiene un elefante bebé con su mamá.

Esta foto es de una manada de búfalos en el agua.

En esta se ve una familia de leones, ¡y una boa grande al lado!

El abuelo también tiene una foto de él nadando con un delfín.

¡Las fotos de don Alfonso, el abuelo de Beto, son fabulosas!

¿Qué palabra es?

Usa las pistas para adivinar las palabras del cuento.

Pista 1: Este animal es el rey de la selva.
Pista 2: Rima con **balón**.
¿Qué palabra es?

Pista 1: Este animal se parece a un toro.
Pista 2: Rima con **óvalo**.
¿Qué palabra es?

¡Ahora tú! Da dos pistas sobre una palabra del cuento. ¿Puede tu compañero adivinar la palabra?

Combinar y leer

1. nube   fila   bate   fama
2. final   tubo   sofá   bulto
3. salud   débil   alimento   sonido
4. falda   baúl   desafina   bufanda
5. El abuelo de Beto es bueno y fiel.
6. Las fotos del abuelo son fabulosas.

Pistas de palabras del cuento

Lee cada conjunto de pistas. Halla la palabra correcta en el cuento.

1. El abuelo de Beto fue a una excursión y regresó con muchas de estas para enseñárselas a Beto.
¿Qué palabra es?

2. Es un animal con trompa y orejas muy grandes. ¿Qué palabra es?

Ensalada de letras

Lee las siguientes palabras a un compañero.

| esta | grande | tiene |
| también | ver | familia |

¡Uy, las letras se han mezclado! Con tu compañero, pon las letras en orden para formar una palabra del recuadro.

1. n i t e e
2. r v e
3. d n e g r a
4. s e t a
5. m b i a t n é
6. i m a i l f a

Las fotos de Beto

por Jorge Escudero
ilustraciones de Antonia Roselló

El sábado Beto tomó muchas fotos en la boda de Adán y Belinda.

Beto tiene una foto de la banda bebiendo agua.

En esta foto se ve al abuelo dándole un beso a la abuela.

También tomó una foto de la abuela y el abuelo bailando.

En esta, Adán bebe una limonada grande y Belinda, un batido de banana.

¡En esta foto Beto saltaba y sudaba con Belinda y Adán!

Respuesta personal

Piensa en los cuentos de esta semana. Luego, contesta estas preguntas en una hoja de papel aparte.

1. ¿Cuál es tu foto favorita? ¿Por qué?

2. ¿Qué cuento te gustó más? Dibuja y escribe sobre tu parte favorita.

Habla de los cuentos con un compañero o en grupo.

Combinar y leer

1. bebo   dedo   usaba   usada

2. andaba   mudaba   tapada   tapaba

3. imán   bonito   amistad   estufa

4. bondad   ofendido   obediente   deseaba

5. La boda fue el sábado por la noche.

6. Adán le dio un beso a Belinda.

Pensar-emparejarse-compartir

Vuelve a leer los dos cuentos. Piensa y luego habla con tu compañero.

1. ¿De qué manera están conectados los cuentos? Usa detalles de cada cuento en tu respuesta.

2. ¿Cómo termina el segundo cuento? ¿Qué crees que pasará después? ¿Por qué?

Comparte tus ideas en grupo.

MÓDULO 1 ■ SEMANA 1

LIBRO 1 ¿Eeee? pág. 5

■ **Palabras dibujadas**

avión estrellas
elefante isla
olas esquíes

■ **Palabras decodificables**

Eeee

DESTREZA: *Vocales a, i, o, e, u*

■ **Palabras de uso frecuente**

un una unos unas con

LIBRO 2 ¿Uuuu? pág. 15

■ **Palabras dibujadas**

ensalada olla
uvas espaguetis
albóndigas esponja
ajo

■ **Palabras decodificables**

Uuuu

DESTREZA: *Vocales a, i, o, e, u*

■ **Palabras de uso frecuente**

un una unos unas con

MÓDULO 1 ■ SEMANA 2

LIBRO 1 ¡Epa! pág. 25

■ **Palabras dibujadas**

montañas   manzana
paloma   molino
payaso

■ **Palabras decodificables**

Epa   mapa

DESTREZA: *Sílabas con m y p*
DESTREZAS ENSEÑADAS PREVIAMENTE
Vocales a, i, o, e, u

■ **Palabras de uso frecuente**

el   la   los   adiós   dos

LIBRO 2 ¡Upa! pág. 35

■ **Palabras dibujadas**

perro   moneda
patos   patines
pícnic   mariposa

■ **Palabras decodificables**

Upa

DESTREZA: *Sílabas con m y p*
DESTREZAS ENSEÑADAS PREVIAMENTE
Vocales a, i, o, e, u

■ **Palabras de uso frecuente**

el   la   los   adiós   dos

ENSEÑADAS PREVIAMENTE
una

MÓDULO 1 ■ SEMANA 3

LIBRO 1 **Familia** pág. 45

■ **Palabras dibujadas**
sombrero   sandalias

■ **Palabras decodificables**
su

DESTREZA: *Sílabas con s y l*

DESTREZAS ENSEÑADAS PREVIAMENTE
Vocales a, i, o, e, u
Sílabas con m y p

■ **Palabras de uso frecuente**
familia   en   comer
agua   leer

ENSEÑADAS PREVIAMENTE
un   unas

LIBRO 2 **Mimos, más mimos** pág. 55

■ **Palabras dibujadas**
sirenas

■ **Palabras decodificables**
mimos   más
el   unas
sol   papas

DESTREZA: *Sílabas con s y l*

DESTREZAS ENSEÑADAS PREVIAMENTE
Vocales a, i, o, e, u
Sílabas con m y p

■ **Palabras de uso frecuente**
agua, comer, en, familia, leer

ENSEÑADAS PREVIAMENTE
con, el, unas

MÓDULO 2 ■ SEMANA 1

LIBRO 1 **La paloma Nina** pág. 65

■ **Palabras decodificables**

Nina   pino
luna   anima

DESTREZA: *Sílabas con n*

DESTREZAS ENSEÑADAS PREVIAMENTE
Vocales a, i, o, e, u
Sílabas con m y p
Sílabas con s y l

■ **Palabras de uso frecuente**

de día llamar noche
por

ENSEÑADAS PREVIAMENTE
la   familia
un   en

LIBRO 2 **El sapo Pipe** pág. 75

■ **Palabras decodificables**

luna   ilumina
Nina   un
animal   enano
aman

DESTREZA: *Sílabas con n*
DESTREZAS ENSEÑADAS PREVIAMENTE
Vocales a, i, o, e, u
Sílabas con m y p
Sílabas con s y l

■ **Palabras de uso frecuente**

de día llamar noche
por

ENSEÑADAS PREVIAMENTE
la   un
el

LISTA DE PALABRAS

MÓDULO 2 ■ SEMANA 2

LIBRO 1 Tito y Tato pág. 85

■ **Palabras decodificables**

Tito	Tato
pileta	después
patea	pelota
mediodía	dados
duendes	túneles
ositos	todo

DESTREZA: *Sílabas con d y t*

DESTREZAS ENSEÑADAS PREVIAMENTE
Vocales a, i, o, e, u
Sílabas con m y p
Sílabas con s y l
Sílabas con n

■ **Palabras de uso frecuente**

después mucho que
todo y

ENSEÑADAS PREVIAMENTE

una	en
la	con
el	noche
por	de

LIBRO 2 Dos ositos pág. 95

■ **Palabras decodificables**

sed	mitad
edad	dos
peludos	sentados
todos	donas
mediodía	después
limonada	asado

DESTREZA: *Sílabas con d y t*

DESTREZAS ENSEÑADAS PREVIAMENTE
Vocales a, i, o, e, u
Sílabas con m y p
Sílabas con s y l
Sílabas con n

■ **Palabras de uso frecuente**

después mucho que
todo y

ENSEÑADAS PREVIAMENTE

los	dos
días	la
con	agua
de	un
por	noche

MÓDULO 2 ■ SEMANA 3

LIBRO 1 Las fotos del abuelo pág. 105

■ **Palabras decodificables**

abuelo	Beto
foto	elefante
bebé	búfalos
familia	boa
también	delfín
Alfonso	fabulosas

DESTREZA: *Sílabas con f y b*

DESTREZAS ENSEÑADAS PREVIAMENTE

Vocales a, i, o, e, u
Sílabas con m y p
Sílabas con s y l
Sílabas con n
Sílabas con d y t

■ **Palabras de uso frecuente**

esta	grande	también
tiene	ver	

ENSEÑADAS PREVIAMENTE

en	muchos
una	un
con	de
el	agua
familia	y

LIBRO 2 Las fotos de Beto pág. 115

■ **Palabras decodificables**

sábado	Beto
boda	Adán
Belinda	banda
bebiendo	beso
bailando	limonada
batido	sudaba

DESTREZA: *Comparar sílabas con b y d*

DESTREZAS ENSEÑADAS PREVIAMENTE

Vocales a, i, o, e, u
Sílabas con m y p
Sílabas con s y l
Sílabas con n
Sílabas con d y t

■ **Palabras de uso frecuente**

esta	grande	también
tiene	ver	

ENSEÑADAS PREVIAMENTE

el	muchas
en	la
de	y
una	agua
un	con